Hans Küng, 20 Thesen zum Christsein

Die Diskussion um das Buch »Christ sein« ist rasch in Gang gekommen. Da kann es nur helfen, die zentralen Thesen des vielschichtigen und weitausgreifenden Werkes vom Verfasser selber herausgearbeitet zu sehen: 20 knappe Thesen mit ebenso knappen Erläuterungen. Hier kann auch der Nichttheologe leicht erkennen, um was es Küng in seinem Buch geht. Die 20 Thesen ersetzen die Lektüre des großen Buches natürlich nicht. Aber sie können dem eiligen Leser rasch die Struktur des Ganzen durchsichtig machen und ihn mit dem Entscheidenden konfrontieren. Dem gründlicher Studierenden jedoch können sie einen ersten und konzentrierten Überblick verschaffen. Eine Arbeitshilfe nicht nur für den Einzelnen, sondern für Diskussions- und Arbeitsgruppen aller Art, in Religionsunterricht, Erwachsenenbildung, Studium. Kein vollständiger Katechismus, aber doch eine in Inhalt und Form zeitgemäße Zusammenfassung des christlichen Glaubens.

Hans Küng, geb. 1928 in der Schweiz, 1948–1955 Studium der Philosophie und Theologie an der päpstlichen Universität Gregoriana in Rom. 1954 Ordination. 1955 Studium an der Sorbonne und am Institut Catholique in Paris. 1957 Doktorat der Theologie. 1957–59 praktische Seelsorge an der Hofkirche in Luzern. 1962 von Papst Johannes XXIII. zum offiziellen theologischen Konzilsberater ernannt. Seit 1960 o. Professor der Dogmatischen und Ökumenischen Theologie sowie Direktor des Instituts für ökumenische Forschung der Universität Tübingen. Autor zahlreicher Bücher, Mitherausgeber diverser Zeitschriften und Ehrendoktor mehrerer Universitäten.

Serie Piper:

Hans Küng

20 Thesen zum Christsein

R. Piper & Co. Verlag

ISBN 3-492-00400-8
3. Auflage, 61.–70. Tausend 1976

Umschlag Wolfgang Dohmen
Gesetzt aus der Garamond-Antiqua
Gesamtherstellung Clausen & Bosse, Leck
Printed in Germany

Inhalt

tisch geheiligte Institutionen und Traditionen: Gesetz und Kult.

7. So erhob Jesus den Anspruch, Sach-Walter Gottes und der Menschen zu sein. Er forderte eine letzte Entscheidung heraus: nicht für einen bestimmten Titel, ein Dogma oder Gesetz, sondern für seine frohe Botschaft. Aber damit war indirekt auch die Frage nach seiner Person gestellt: Irrlehrer, Lügenprophet, Gotteslästerer, Volksverführer – oder?
8. Um Gott geht letztlich der Streit: Jesus beruft sich auf keinen neuen Gott, sondern auf den Gott Israels – neu verstanden, nämlich als Vater der Verlorenen, den er ganz persönlich als seinen Vater anredet.
9. Jesu gewaltsames Ende lag in der Logik dieser seiner Einstellung zu Gott und Mensch. Seine gewaltsame Passion war Reaktion der Hüter von Gesetz, Recht und Moral auf seine gewaltlose Aktion: der Kreuzestod wird zum Vollzug des Fluches des Gesetzes, Jesus zum Stellvertreter der Gesetzesbrecher, der Sünder. In Menschen- und Gottverlassenheit zugleich stirbt er.
10. Mit Jesu Tod war jedoch nicht alles aus. Der Glaube seiner Gemeinde ist: Der Gekreuzigte lebt für immer bei Gott – als Hoffnung für uns. Auferweckung meint keine Rückkehr ins raumzeitliche Leben, auch keine Fortsetzung des raumzeitlichen Lebens, sondern die Aufnahme in jene unfaßbare und umfassende letzte und erste Wirklichkeit, die wir Gott nennen.
11. Der Auferweckungsglaube ist also nicht Zusatz, sondern Radikalisierung des Gottesglaubens: des Glaubens an den Schöpfergott.
12. Ohne den Glauben an den Auferweckten fehlt dem Glauben an den Gekreuzigten die Bestätigung und Ermächti-

gung. Ohne den Glauben an das Kreuz fehlt dem Glauben an den Auferweckten die Unterschiedenheit und Entschiedenheit. Das letztlich Unterscheidende des Christentums ist Jesus Christus als der Gekreuzigte.

13. Nur vom Glauben an den zum Leben erweckten Jesus her läßt sich die Entstehung der Kirche erklären: Kirche Jesu Christi als Gemeinschaft derer, die sich auf die Sache Jesu Christi eingelassen haben und sie als Hoffnung für alle Menschen bezeugen.

14. Der entscheidende Unterschied zwischen »katholisch« und »evangelisch« liegt heute nicht mehr in einzelnen traditionellen Lehrdifferenzen, sondern in verschiedenen Grundhaltungen, die sich seit der Reformation ausbildeten, heute aber in ihrer Einseitigkeit überwunden und in eine wahre Ökumenizität integriert werden können.

15. Ökumenische Grundlage aller christlichen Kirchen ist das biblische Bekenntnis zu Jesus als dem Christus = dem Maßgebenden für die Beziehungen des Menschen zu Gott und zu seinen Mitmenschen. Dieses Bekenntnis muß in jede neue Zeit hinein neu übersetzt werden.

C. Wer handelt christlich?

53

16. Das Unterscheidende des christlichen Handelns ist also die Nachfolge Christi. Dieser Christus Jesus ist in Person die lebendige, maßgebende Verkörperung seiner Sache: Verkörperung einer neuen Lebenseinstellung und eines neuen Lebensstiles. Als konkrete geschichtliche Person besitzt Jesus Christus eine Anschaulichkeit, Vernehmbarkeit und

Realisierbarkeit, die einer ewigen Idee, einem abstrakten Prinzip, einer allgemeinen Norm, einem gedanklichen System abgeht.

17. So bedeutet Jesus für den Menschen von heute ein in vielen Weisen zu realisierendes Grund-Modell einer Lebensschau und Lebenspraxis. Er ist in Person im Positiven wie im Negativen die Einladung (Du darfst!), der Appell (Du sollst!), die Herausforderung (Du kannst!) für den Einzelnen und die Gesellschaft: er ermöglicht konkret eine neue Grundorientierung und Grundhaltung, neue Motivationen, Dispositionen, Aktionen, einen neuen Sinnhorizont und eine neue Zielbestimmung.

18. Auch für die Kirche muß Jesus in allem der Maßgebende bleiben. Glaubwürdig ist die Kirche nur dann, wenn sie in seiner Nachfolge den Weg geht als eine provisorische, dienende, schuldbewußte, entschiedene Kirche. Daraus müssen in jeder Zeit praktische Konsequenzen für die ständige innerkirchliche Reform und die ökumenische Verständigung abgeleitet werden.

19. Gerade in der Bewältigung des Negativen haben christlicher Glaube und nichtchristliche Humanismen ihre Nagelprobe zu bestehen. Für den Christen ist die volle Bewältigung des Negativen nur vom Kreuz her sinnvoll. Kreuzesnachfolge meint nicht kultische Anbetung, mystische Versenkung oder ethische Nachahmung. Sie meint die vielfältige praktische Entsprechung zum Kreuz Jesu, in der der Mensch in Freiheit seinen eigenen Lebens- und Leidensweg erkennt und zu gehen versucht.

20. Doch bei aller Herausforderung zum Handeln wird es im Blick auf den gekreuzigten Jesus für den Menschen letztlich nicht auf seine Leistungen (Rechtfertigung durch Leistung)

ankommen, sondern auf sein unbedingtes Vertrauen auf Gott im Guten wie im Bösen und so auf einen letzten Sinn im Leben (Rechtfertigung durch Glauben).

Vorwort

Mit einem »Thesenanschlag« haben andere Theologen in der Kirche früher schlechte Erfahrungen gemacht. Mit diesen Thesen hier – in einer anderen Welt und in einer anderen Kirche – hofft der Verfasser, bessere zu machen.

Gegen alle pessimistischen Prognosen hat das Interesse am Christsein, am unterscheidend Christlichen, stark zugenommen. Das ist keine neue Modeströmung, sondern Ausdruck eines gerade heute sehr verständlichen und begründeten Bedürfnisses nach Grundorientierung, zuverlässigen Leitwerten, letzten und ersten Maßstäben, kurz, nach einem Sinn im Leben des Menschen angesichts einer sich ständig verändernden Welt und Gesellschaft. In einer Zeit rasch sich ablösender geistiger Trends, Ideologien und oft auch Theologien tut Konzentration auf das Wesentliche, auf das Entscheidende der christlichen Sache not.

Das Buch »Christ sein« wollte und will dazu seinen Beitrag leisten. Der auch für den Verfasser überraschende Erfolg dieses nun nicht gerade schmalen Buches zeigt, wie sehr er in seinem Anliegen verstanden wurde: im katholischen, evangelischen, freikirchlichen, ja auch im außerkirchlichen Raum eine erstaunlich große Zustimmung von Menschen der verschiedensten Altersstufen, Berufe, Bildungsgrade, Mentalitäten.

Kritik erfuhr dieses Unternehmen, wie erwartet, von zwei Seiten: theologische Linke und Rechte wie so oft in trauter Eintracht. Von links hätten einige gerne gesehen, wenn man eine linkssozialistische Ideologie, für die auch schon die Sozialdemokratie rechts ist, zum Maßstab des Christlichen gemacht hätte: Jesus von Nazaret ein Sozialrevolutionär, und die Revolution sein Evangelium. – Von rechts läuft nicht zum ersten Mal eine kleine konzertierte Aktion: wie abgesprochen empfehlen sich Dogmatiker als Gralshüter hoher Dogmen, die auch sie dem heutigen Menschen kaum verständlich zu machen verstehen. Von dem vielen anderen in diesem Buch jedoch, was vielleicht für das Christ-Werden zentraler und für ungezählte Menschen in ihrem Christ-Sein wichtiger ist, reden sie nicht.

Man hüte sich indes vor einem Mißverständnis: Wenn wir uns hier gegen die Entmythologisierer zur Linken und die Mythologisierer zur Rechten abgrenzen, heißt das nicht, eine »Ideologie der Mitte« zu vertreten: im Sinne einer Entschärfung, Verharmlosung und Harmonisierung. Was hier für die theologischen wie für die gesellschaftlichen Fragen vertreten wird, ist eine vom Jesus Christus des Neuen Testaments her verstandene »Radikalität«, die mehr an die »Wurzeln« (radices) der individuellen und sozialen Konflikte geht als die (von einer echten Radikalität wohl zu unterscheidenden) ideologisierten linken oder rechten Radikalismen. In diesem Sinn geht es um eine »radikale Mitte«, die alles andere als ein leidenschaftsloses »Darüberstehen« meint.

Was dem Verfasser selber für das Christsein in dieser Zeit wichtig erscheint, hat er hier in 20 Thesen zusammengefaßt. Sie ersetzen die Lektüre des großen Buches natürlich nicht. Aber sie können dem eiligen Leser rasch die Struktur des Ganzen durchsichtig machen und ihn mit dem Entscheidenden konfrontieren. Dem gründlicher Studierenden jedoch können sie einen ersten und konzentrierten Überblick verschaffen. So wollen denn diese Thesen eine Arbeitshilfe sein: nicht nur für den Einzelnen, sondern auch und gerade für Diskussions- und Arbeitsgruppen aller Art, in Religionsunterricht, Erwachsenenbildung, Studium. Kein vollständiger Katechismus, aber doch eine in Inhalt und Form zeitgemäße Zusammenfassung des christlichen Glaubens!

Die Thesen wurden in verschiedener Form erprobt und haben

sich an verschiedenen Orten bewährt: bei einer Forumstagung der Katholischen Akademie in Bayern, einer Ökumenischen Tagung an der Universität Erlangen, einer Gastvorlesung an der Universität Helsinki und schließlich und vor allem an drei Abenden des Deutschen Evangelischen Kirchentags in Frankfurt 1975 in einer Diskussion mit Heinz Zahrnt.

Die für 1975 in »Christ sein« angekündigte ergänzende Publikation »Existiert Gott?« mußte auf 1976 verschoben werden.

So mögen denn diese Thesen ihren Weg gehen: nicht aufgehalten von denen, die überall nach Häresien fahnden; helfend denen, die nicht nur nach einer besseren Christenlehre, sondern vor allem nach einem besseren Christsein fragen: nach einem Christentum mit menschlicherem Antlitz.

Tübingen, im Juli 1975 Hans Küng

A. Wer ist Christ?

1. Christ ist nicht einfach der Mensch, der human oder auch sozial oder gar religiös zu leben versucht. Christ ist vielmehr nur der, der seine Menschlichkeit, Gesellschaftlichkeit und Religiosität von Christus her zu leben versucht.

a. Was heißt **human** sein? Wahrhaft menschlich, wahrhaft Mensch sein: sich um volles individuelles Menschsein bemühen.
Aber: das kann auch der säkulare Humanist, etwa der klassisch Gebildete Humboldtscher Prägung oder der von Nietzsche, Heidegger oder Sartre herkommende Existentialist oder auch der von den Naturwissenschaften oder einem kritischen Rationalismus bestimmte Positivist.
Wir sollten es schlicht zugeben:
Sie alle können echte Humanisten sein, die wirklich menschlich leben. Aber deshalb müssen sie noch keine Christen sein.

b. Was heißt **sozial** sein? Auf die Societas, die Gesellschaft bezogen sein: auf die Bedürfnisse und Hoffnungen der Mitmenschen, der anderen menschlichen Gruppen, der Gesellschaft überhaupt ausgerichtet sein und sich, mehr oder weniger kämpferisch, für soziale Gerechtigkeit aktiv einsetzen.
Aber: das kann auch der säkulare Sozialengagierte; das kann der liberale Sozialreformer genauso wie der marxistische Sozialrevolutionär, das kann auch ein spanischer Sozialfaschist, ein südamerikanischer Sozialist oder auch ein Vertreter der europäischen und amerikanischen Neuen Linken.

Es läßt sich nicht bestreiten:
Sie alle können berechtigte und dringende soziale Forderungen vertreten. Aber deshalb müssen sie noch keine Christen sein.

c. Was heißt **religiös** sein? Ein Rückgebundensein (re-ligari) an oder Rücksichtnehmen (re-legere) auf ein Absolutes: im Horizont eines absoluten Sinn-Grundes leben, orientiert an etwas, was mich unbedingt angeht.
Aber: das kann auch ein Buddhist oder Hindu, ein Moslem oder Jude, das kann auch ein weltfrommer Pantheist oder ein skeptischer Deist, ein spiritualistischer Mystizist, ein Anhänger irgendeiner transzendentalen Meditation (Yoga oder Zen) oder auch einfach der Durchschnittsmensch mit religiösen Gefühlen, der sein Handeln vor einer das Gewissen bindenden Instanz zu verantworten sucht.
Wir hätten es nie bestreiten dürfen:
Sie alle können echt religiös sein. Aber deshalb müssen sie noch keine Christen sein.

Was also ist das unterscheidend Christliche? Was macht den Christen zum Christen? In einem Wort: Daß er seine Menschlichkeit, Gesellschaftlichkeit und Religiosität von Christus her zu leben versucht. Versucht: nicht mehr und nicht weniger.

2. Das unterscheidend Christliche ist der Christus Jesus selbst.

a. Gegen alle oft gut gemeinte Zerdehnung, Vermengung, Verdrehung und Verwechslung des Christlichen sind die Dinge ehrlich beim Namen zu nennen, die Begriffe beim Wort zu nehmen: Das Christentum der Christen soll ja christlich bleiben! Das Christentum bleibt jedoch christlich nur dann, wenn es ausdrücklich **an den einen Christus gebunden** bleibt. Und dieser ist nicht irgendein Prinzip oder eine Intentionalität oder eine Haltung oder ein evolutiver Zielpunkt. Er ist vielmehr eine ganz bestimmte, unverwechselbare und unauswechselbare Person mit einem ganz bestimmten Namen! Das Christentum läßt sich schon von seinem Namen her nicht in ein namenloses (anonymes) Christentum einebnen oder »aufheben«. Das unterscheidend Christliche ist der Christus selbst.

b. Eine solche Lehrformel ist **keine leere Formel**. Warum?

- Sie bezieht sich auf eine sehr konkrete geschichtliche Person: Jesus von Nazaret.
- Sie hat deshalb den christlichen Beginn, aber auch die ganze große christliche Tradition hinter sich: Christlich ist, was mit diesem Christus zu tun hat.
- Sie bietet zugleich eine klare Orientierung für Gegenwart und Zukunft.
- Sie hilft also den Christen und findet doch zugleich die Zu-

stimmung der Nichtchristen: weil ihre Überzeugung respektiert und ihre Werte ausdrücklich affirmiert werden, ohne daß sie auf dogmatischem Schleichweg für Christentum und Kirche vereinnahmt werden, indem man ihnen sagt: »Ihr seid eigentlich schon (anonyme!) Christen.«

Weil so die Begriffe für das Christliche nicht verwässert oder beliebig gedehnt, sondern präzise gefaßt und beim Wort genommen werden, ist beides zugleich möglich:

alle unchristliche Konfusion zu vermeiden (größtmögliche *Unzweideutigkeit*) und zugleich Offenheit für alles Nichtchristliche zu wahren (größtmögliche *Toleranz*).

c. Nach diesem Kriterium meint Christentum also keine Exklusivität des Heils, sondern jene **Einzigartigkeit**, die in Jesus Christus begründet ist. Im Hinblick auf die **Weltreligionen** bedeutet dies:

- *nicht* die absolutistische *Herrschaft einer Religion*, die missionarisch exklusiv die Freiheit verachtet;
- *nicht* die synkretistische *Vermischung aller* unter sich so widersprüchlichen *Religionen*, die harmonisierend und reduzierend die Wahrheit unterdrückt;
- *vielmehr* der eigenständige, uneigennützige christliche *Dienst an den Menschen in den Religionen*, der nichts Wertvolles an den Religionen zerstört, aber auch nichts Wertloses unkritisch einverleibt: In differenzierter Anerkennung und Ablehnung soll das Christentum unter den Weltreligionen wirken als *kritischer Katalysator und Kristallisationspunkt* ihrer religiösen, moralischen, meditativen, asketischen, ästhetischen Werte.

In dieser Ausrichtung darf und soll die Kirche auch heute *Jesus Christus allen Menschen verkündigen*, um gerade so ein echtes indisches, chinesisches, japanisches, indonesisches, arabisches, afrikanisches Christentum zu ermöglichen: eine Ökumene nicht mehr nur im engen konfessionell-kirchlichen, sondern in einem universal-christlichen Sinne.

3. Christ sein bedeutet: in der Nachfolge Jesu Christi in der Welt von heute wahrhaft menschlich leben, handeln, leiden und sterben – in Glück und Unglück, Leben und Tod gehalten von Gott und hilfreich den Menschen.

a. *Warum soll man Christ sein?* Ganz direkt geantwortet: **Um wahrhaft Mensch zu sein!** Was heißt das?
Kein Christsein auf Kosten des Menschseins. Aber auch umgekehrt: Kein Menschsein auf Kosten des Christseins. Kein Christsein neben, über oder unter dem Menschsein: Der Christ soll kein gespaltener Mensch sein.

b. Das Christliche ist also kein Überbau und kein Unterbau des Menschlichen, sondern es ist im dreifachen Sinn des Wortes – bewahrend, verneinend und übersteigend – die **»Aufhebung« des Menschlichen**, der anderen Humanismen:

- sie werden *bejaht*, sofern sie das Menschliche bejahen;
- sie werden *verneint*, sofern sie das Christliche, den Christus selber, verneinen;
- sie werden *überstiegen*, sofern das Christsein das Menschlich-Allzumenschliche sogar in aller *Negativität* voll einzubeziehen vermag.

c. Das bedeutet: Christen sind nicht weniger Humanisten als alle anderen Humanisten. Aber sie sehen das Menschliche, das wahrhaft Menschliche, das Humane, sie sehen den Menschen und seinen Gott, sehen Humanität, Freiheit, Gerechtigkeit, Leben, Liebe, Frieden, Sinn von diesem Jesus her, der für sie **der konkret Maßgebende = der Christus** ist. Von ihm her meinen sie nicht einen beliebigen Humanismus vertreten zu können, der einfach alles Wahre, Gute, Schöne und Menschliche bejaht. Sondern einen wahrhaft **radikalen Humanismus**, der auch das Unwahre, Ungute, Unschöne und Unmenschliche zu integrieren und zu bewältigen vermag: nicht nur alles Positive, sondern auch – und hier entscheidet sich, was ein Humanismus taugt – alles Negative, selbst Leiden, Schuld, Tod, Sinnlosigkeit.

d. **Also:** In der Nachfolge dieses Jesus vermag der Mensch auch in der Welt von heute nicht nur wahrhaft menschlich zu *handeln*, sondern auch zu *leiden*, nicht nur zu *leben*, sondern auch zu *sterben*. Und es leuchtet ihm selbst dort noch Sinn auf, wo die »reine Vernunft« kapitulieren muß, auch in sinnloser Not und Schuld: weil er sich auch da, weil er sich im Positiven wie im Negativen *von Gott gehalten* weiß. So schenkt der Glaube an Jesus den Christus Frieden mit Gott und mit sich selbst, überspielt aber nicht die Probleme der Welt und der Gesellschaft. Er macht den Menschen wahrhaft menschlich, weil wahrhaft mitmenschlich, *hilfreich den Menschen*: ohne Einschränkung (im Dienen, Verzichten, Verzeihen) offen für den Anderen, der ihn gerade braucht, den »Nächsten«.

B. Wer ist Christus?

4. Der Christus ist niemand anders als der geschichtliche Jesus von Nazaret: Weder Priester noch politischer Revolutionär, weder asketischer Ordensmann noch frommer Moralist, ist er provokatorisch nach allen Seiten.

a. **Kein Mann des priesterlichen Establishments:** Es gab ein religiös-politisches Establishment in Jerusalem (Sadduzäer), und viele später sahen Jesus als Vertreter des religiös-kirchlichen Establishments.
Doch: Jesus war kein Priester. Er war »Laie«, auffälligerweise unverheiratet, und Anführer einer Laienbewegung. Er war auch kein professioneller Theologe: er machte keine großen Theorien und Systeme. Er predigte das baldige Kommen des Gottesreiches unwissenschaftlich, mit einfachsten Worten, mit Vergleichen, Geschichten, Parabeln.

b. **Kein politischer Revolutionär:** Es gab damals eine revolutionäre Partei (Zeloten, Eiferer), und viele etwa in Südamerika heute verstehen ihn so.
Doch: Er war jedenfalls kein politischer, kein sozialer Revolutionär. Hätte er nur eine Landreform durchgeführt oder, wie bei der Jerusalemer Revolution nach seinem Tod geschehen, die Schuldscheine im Jerusalemer Archiv verbrennen lassen und einen Aufstand gegen die römische Besatzungsmacht organisiert, er wäre heute schon längst vergessen. Er aber verkündigte Gewaltlosigkeit und Feindesliebe.

c. **Kein asketischer Ordensmann:** Es gab zur Zeit Jesu in Palästina ein gut organisiertes Mönchswesen (Essener, Qumran), und die Mönche aller Zeiten beriefen sich in ihrer Lebensform immer gerne auf ihn.
Doch: Jesus zog sich keineswegs aus der Welt zurück, sonderte sich nicht ab und schickte auch niemanden, der vollkommen werden wollte, in das in unseren Tagen neu entdeckte große Kloster von Qumran am Toten Meer. Er hat keinen Orden mit Ordensregel, Gelübden, asketischen Geboten, besonderen Kleidern und Traditionen gegründet.

d. **Kein frommer Moralist:** Es gab damals eine Bewegung für moralische Aufrüstung: die Pharisäer. Und sehr oft sah man in ihm später einen »neuen Gesetzgeber«.
Doch: Jesus lehrte kein »neues Gesetz«, keine Frömmigkeitstechnik und hatte keinen Sinn für moralische oder gar juristische Kasuistik und alle Fragen der Gesetzesauslegung. Er verkündete eine neue Freiheit von Gesetzlichkeit: die Liebe ohne Grenzen.

Also: Man hat schon viel von Jesus erfaßt, wenn man ihn nicht in das Koordinatenkreuz von Establishment und Revolution, Emigration und Kompromiß einordnen will: er sprengt alle Schemata. Er ist provokatorisch, aber nach rechts und nach links: Gott offenbar näher als die Priester. Zugleich der Welt gegenüber freier als die Asketen. Moralischer als die Moralisten. Und revolutionärer als die Revolutionäre.
Warum ließ er sich nicht einordnen? Das hängt zusammen mit dem, was er wollte. Was wollte er eigentlich?

5. Jesus verkündigte keine theologische Theorie und kein neues Gesetz, auch nicht sich selbst, sondern das Reich Gottes: die Sache Gottes (= Wille Gottes), die sich durchsetzen wird und die identisch ist mit der Sache des Menschen (= Wohl des Menschen).

Die Person Jesu tritt hinter seiner Sache zurück. Jesu Sache aber ist die Sache Gottes in der Welt: das bald kommende Gottesreich.

a. **Gottesreich:** Jesu Botschaft war längst nicht so kompliziert wie unsere Katechismen oder gar unsere theologischen Schulbücher. Er verkündete in Bildern und Gleichnissen das kommende Gottesreich: daß *Gottes Sache* sich durchsetzen wird, daß die Zukunft Gott gehört. Also:

- Nicht nur die beständige, von Anfang der Schöpfung an gegebene Gottesherrschaft der Jerusalemer Hierarchen. Sondern das kommende Reich Gottes der Endzeit.
- Nicht die gewaltsam zu errichtende religiös-politische Theokratie oder Demokratie der zelotischen Revolutionäre. Sondern die gewaltlos zu erwartende unmittelbare, uneingeschränkte Weltherrschaft Gottes selbst.
- Nicht das Rachegericht zugunsten einer Elite von Vollkommenen im Sinn der Essener und Qumranmönche. Sondern die frohe Botschaft von Gottes grenzenloser Güte und unbedingter Gnade gerade für die Verlorenen und Elenden.

- Nicht ein von Menschen durch exakte Gesetzeserfüllung und bessere Moral aufzubauendes Reich im Geist der Pharisäer. Sondern das durch Gottes freie Tat zu schaffende Reich der Vollendung.

b. **Spannung zwischen Gegenwart und Zukunft:**

(1) Die *Gegenwart* weist den Menschen auf die *absolute Zukunft Gottes:* Keine Verabsolutierung unserer Gegenwart auf Kosten der Zukunft! Es darf nicht die ganze Zukunft des Gottesreiches in Gegenwärtigkeit aufgelöst werden. Zu traurig und zwiespältig ist und bleibt die Gegenwart, als daß sie in ihrem Elend und ihrer Schuld schon das Gottesreich sein könnte. Zu unvollkommen und unmenschlich ist diese Welt und Gesellschaft, als daß sie schon das Vollkommene und Endgültige sein könnte. Das Gottesreich bleibt nicht im Anbruch stecken, sondern soll endgültig zum Durchbruch kommen. Was mit Jesus begonnen wurde, soll auch mit Jesus vollendet werden. Die Nah-Erwartung wurde nicht erfüllt. Aber deshalb wird die Erwartung nicht überhaupt ausgeschaltet.

(2) Die *absolute Zukunft* verweist den Menschen auf die *Gegenwart:* Keine Isolierung der Zukunft auf Kosten der Gegenwart! Das Gottesreich darf nicht eine Vertröstung auf die Zukunft sein, Befriedigung der frommen menschlichen Zukunftsneugierde, Projektion unerfüllter Wünsche und Ängste, wie Feuerbach, Marx und Freud meinten. Gerade von der Zukunft her soll der Mensch in die Gegenwart eingewiesen werden. Gerade aus der Hoffnung heraus soll die gegenwärtige Welt und Gesellschaft nicht nur interpretiert, sondern verändert werden. Nicht eine Belehrung über das Ende wollte Jesus geben, sondern einen Aufruf erlassen für die Gegenwart angesichts des Endes.

c. **Sache Gottes = Sache des Menschen:** Im Hinblick auf dies kommende Reich predigt Jesus *eine oberste Norm* für das Handeln des Menschen. Nicht irgendein Gesetz oder Dogma, einen Kanon oder Paragraphen.

Die oberste Norm für ihn ist: der *Wille Gottes.* Sein Wille geschehe! Das hört sich ganz fromm an. Was aber ist dieser Wille Gottes?

Der Wille Gottes ist nicht einfach identisch mit einem bestimmten Gesetz, einem Dogma oder einer Regel. Aus allem, was Jesus sagt und tut, wird klar: der Wille Gottes ist nichts anderes als *das umfassende Wohl des Menschen.* Wie es mit den Seligpreisungen der Bergpredigt nicht zuletzt die Heilungsgeschichten (Dämonenaustreibungen) deutlich machen: nicht nur das Seelen-Heil, sondern das Heil des ganzen Menschen in Gegenwart und Zukunft! Was für ein Wohl und welcher Mensch hier im einzelnen gemeint sind, läßt sich gerade nicht prinzipiell-gesetzlich festlegen: es geht in immer wieder verschiedenen Situationen um das ganz bestimmte Wohl eines jeden, der mich gerade braucht, meinen jeweils Nächsten. Was bedeutet das nach Jesus konkret?

6. Um des Wohles der Menschen willen relativierte Jesus faktisch geheiligte Institutionen und Traditionen: Gesetz und Kult.

Gott will das Wohl der Menschen:

a. *Deshalb* schreckt Jesus, der im ganzen durchaus gesetzestreu lebt, im Einzelfall auch vor **gesetzeswidrigem Verhalten** nicht zurück.

- Kein Sinn für rituelle Korrektheit: Reinheit vor Gott schenkt nur die Reinheit des Herzens.
- Kein Fastenasketismus: Fresser und Säufer läßt er sich schelten.
- Keine Sabbatängstlichkeit: Der Mensch ist Maß des Sabbats und des Gesetzes.

b. *Deshalb* **relativiert** er faktisch in skandalöser Weise geheiligte **Traditionen und Institutionen:**

- Er relativiert das Gesetz, das gesamte religiös-gesellschaftliche System; denn die Gebote sind um der Menschen willen da. Das Gesetz wird nicht einfach abgeschafft oder aufgehoben. Aber der Mensch tritt an die Stelle einer verabsolutierten Gesetzesordnung: Humanität an Stelle von Legalismus und Dogmatismus. Alle Normen und Institutionen, Paragraphen und Dogmen stehen unter dem Kriterium, ob sie für den Menschen da sind oder nicht.
- Er relativiert den Tempel, den Kult; denn Versöhnung und alltäglicher Dienst kommen vor der Liturgie. Die Liturgie wird nicht einfach abgeschafft oder aufgehoben. Aber der

Mensch tritt an die Stelle einer verabsolutierten Liturgie: Humanität an Stelle von Formalismus und Ritualismus. Alle Riten und Bräuche, Übungen und Zeremonien stehen unter dem Kriterium, ob sie für den Menschen da sind oder nicht.

c. *Deshalb* tritt er für die **Liebe** ein, die zugleich fromm und vernünftig sein läßt und die sich gerade darin bewährt, daß sie niemanden, **auch** nicht den **Gegner**, ausschließt, vielmehr bis

- zum Dienst ohne Rangordnung,
- zum Verzicht ohne Gegenleistung,
- zum Vergeben ohne Ende

zu gehen bereit ist. Also: Veränderung der Gesellschaft durch radikale Veränderung des Einzelnen!

d. *Deshalb* **solidarisiert** er sich zum Ärger der Frommen **mit allen Armen**, Armseligen, »armen Teufeln«:
den Häretikern und Schismatikern (Samariter), den Unmoralischen (Dirnen und Ehebrecher), den politisch Kompromittierten (Zolleinzieher und Kollaborateure), den gesellschaftlich Ausgestoßenen und Vernachlässigten (Aussätzige, Kranke, Elende), den Schwächeren (Frauen und Kinder), überhaupt mit dem gemeinen Volk (das nicht weiß, worum es eigentlich geht).

e. *Deshalb* wagt er sogar, statt der gesetzlichen Bestrafung Gottes **Vergebung** – völlig umsonst! – zu verkünden, ja sogar Vergebung persönlich zuzusprechen und damit die Umkehr und die Vergebung gegenüber den Mitmenschen zu ermöglichen.

7. **So erhob Jesus den Anspruch, Sach-Walter Gottes und der Menschen zu sein. Er forderte eine letzte Entscheidung heraus: nicht für einen bestimmten Titel, ein Dogma oder Gesetz, sondern für seine frohe Botschaft. Aber damit war indirekt auch die Frage nach seiner Person gestellt: Irrlehrer, Lügenprophet, Gotteslästerer, Volksverführer – oder?**

a. **Anspruch:** Als offensichtlicher Außenseiter geriet Jesus in einen lebensgefährlichen gesellschaftlichen *Konflikt:* in Widerspruch zu den herrschenden Verhältnissen und in Widerspruch zu denen, die ihnen widersprechen.
Ein ungeheurer Anspruch, doch anscheinend so *wenig dahinter*: von niedriger Herkunft, ohne Unterstützung seiner Familie, ohne besondere Bildung. Ohne Geld, Amt und Würden, ohne alle Hausmacht, von keiner Partei gedeckt und von keiner Tradition legitimiert – ein machtloser Mensch beansprucht solche *Vollmacht*? Wer war schon für ihn?
Aber: Er, der durch seine Lehre und sein ganzes Verhalten tödliche Aggressionen auf sich lenkte, fand auch spontan Vertrauen und Liebe.
Kurz: an ihm schieden sich die Geister.

b. **Entscheidung:** Jesus war eine öffentliche Person geworden. Mit ihm konfrontiert, sahen sich die Menschen und insbesondere die Hierarchie unweigerlich *vor eine letzte Entscheidung gestellt:* aber nicht ein Ja oder Nein zu einem bestimmten Titel, zu einer bestimmten Würde, zu einem bestimmten Amt oder auch zu einem bestimmten Dogma, Ritus oder Gesetz.

Seine Botschaft und Gemeinschaft warfen vielmehr die Frage auf, *woraufhin* und wonach einer sein *Leben letztlich ausrichten* will: Jesus forderte eine letzte Entscheidung für die Sache Gottes und des Menschen. In dieser »Sache« geht er selbst völlig auf, ohne für seine Person etwas zu fordern, ohne seine eigene »Rolle« oder Würde zum Thema seiner Botschaft zu machen.

c. **Sache und Person:** Die große Frage nach seiner Person war nur indirekt gestellt, und die Vermeidung aller Titel verdichtete das Rätsel.

Jesus, bei dem Theorie und Praxis sich unangreifbar decken, bildete eine *beispiellose Herausforderung* für das gesamte religiös-gesellschaftliche System (Gesetz) und seine Repräsentanten (Hierarchie). Mit welcher Vollmacht eigentlich tut er dies? So fragen Freunde und Feinde. Hier verkündet einer statt der unbedingten Gesetzeserfüllung eine merkwürdige Freiheit für Gott und den Menschen. Macht er sich nicht zu mehr als Mose (Gesetz), zu mehr als Salomo (Tempel), zu mehr als Jona (Propheten)? Muß man da nicht Anstoß nehmen?

- Ist ein Gesetzeslehrer, der sich gegen Mose stellt, nicht ein *Irrlehrer?*
- Ist ein Prophet, der nicht mehr in der Nachfolge des Mose steht, nicht ein *Pseudoprophet?*
- Ist ein über Mose und die Propheten Erhabener, der sich hinsichtlich der Sünde gar die Funktion eines letzten Richters anmaßt und so an das rührt, was Gottes und Gottes allein ist,

nicht – es muß deutlich ausgesprochen werden – ein *Gotteslästerer*?

- Ist er nicht alles andere als das unschuldige Opfer eines verstockten Volkes, vielmehr ein Schwärmer und Ketzer und als solcher ein höchst gefährlicher und die Position der Hierarchie sehr real bedrohender Demagoge, Ordnungsstörer, Unruhestifter, *Volksverführer*? Eine noch schwerer wiegende Frage stellt sich hier: Predigt er nicht im Grund einen anderen Gott?

8. Um Gott geht letztlich der Streit: Jesus beruft sich auf keinen neuen Gott, sondern auf den Gott Israels – neu verstanden, nämlich als Vater der Verlorenen, den er ganz persönlich als seinen Vater anredet.

a. **Vater der Verlorenen:** Auf den *Gott Israels*, den Gott der Väter beruft sich Jesus für all sein Tun und Reden. Wie aber wäre dieser Gott, wenn er recht hätte!? Jesu ganzes Verkündigen und Handeln stellt mit letzter Unausweichlichkeit die Frage nach Gott: wie er ist und wie er nicht ist, was er tut und was er nicht tut. Um den einen wahren Gott selbst geht letztlich der ganze Streit.

An einen doch *sehr verschiedenen Gott* und Vater appelliert Jesus zur Rechtfertigung seines skandalösen Redens und Benehmens: ein wunderlicher, ja gefährlicher, ein im Grunde unmöglicher Gott. Oder sollte man das wirklich annehmen können?

- Daß Gott selbst die Gesetzesübertretungen rechtfertigt?
- Daß Gott selbst sich rücksichtslos über die Gerechtigkeit des Gesetzes hinwegsetzt und eine »bessere Gerechtigkeit« proklamieren läßt?
- Daß er selbst also die bestehende gesetzliche Ordnung und damit das gesamte gesellschaftliche System, ja auch den Tempel und den Gottesdienst in Frage stellen läßt?
- Daß Gott selbst den Menschen zum Maßstab seiner Gebote macht, selbst die natürlichen Grenzen zwischen Genossen

und Nichtgenossen, Fernsten und Nächsten, Freunden und Feinden, Guten und Bösen durch Vergeben, Dienen, Verzichten, durch die Liebe aufhebt und sich so auf die Seite der Schwachen, Kranken, Armen, Unterprivilegierten, Unterdrückten, ja der Unfrommen, Unmoralischen, Gottlosen stellt?

Das wäre doch ein neuer Gott: ein Gott, der sich von seinem eigenen Gesetz gelöst hat, ein Gott nicht der Gesetzesfrommen, sondern der Gesetzesbrecher, ja ein Gott nicht der Gottesfürchtigen, sondern ein Gott der Gottlosen!? Eine wahrhaft unerhörte Revolution im Gottesverständnis!?

b. **Der Vater Jesu:** Jesu gesamte Botschaft von Gottes Reich und Wille ist orientiert an Gott als dem »Vater«. Diesen Vater spricht er in selbstverständlicher Direktheit, eigenartiger Unmittelbarkeit und skandalöser Vertrautheit als *seinen Vater* an.

Die eigentümlich neue Verkündigung und Anrede Gottes als des Vaters warf ihr Licht zurück auf den, der ihn so eigentümlich neu verkündigte und anredete. Und wie man schon damals von Jesus nicht sprechen konnte, ohne von diesem Gott und Vater zu sprechen, so war es in der Folge schwierig, von diesem Gott und Vater zu sprechen, ohne von Jesus zu sprechen. Nicht bestimmten Namen und Titeln gegenüber, wohl aber diesem *Jesus* gegenüber fiel die Entscheidung des Glaubens, wenn es um den *einen wahren Gott* ging. Wie man mit Jesus umging, entschied darüber, wie man zu Gott steht, wofür man Gott hält, welchen Gott man hat. Im Namen und in der Kraft des einen Gottes Israels hat Jesus gesprochen und gehandelt. Und schließlich für ihn hat er sich auch umbringen lassen.

9. **Jesu gewaltsames Ende lag in der Logik dieser seiner Einstellung zu Gott und Mensch. Seine gewaltsame Passion war Reaktion der Hüter von Gesetz, Recht und Moral auf seine gewaltlose Aktion: der Kreuzestod wird zum Vollzug des Fluches des Gesetzes, Jesus zum Stellvertreter der Gesetzesbrecher, der Sünder. In Menschen- und Gottverlassenheit zugleich stirbt er.**

a. **Der Tod als Konsequenz:** Jesus hat den Tod nicht einfach passiv erlitten, sondern aktiv provoziert.

- Nur seine Verkündigung erklärt seine Verurteilung.
- Nur sein Handeln erklärt sein Leiden.
- Nur sein Leben und Wirken insgesamt machen deutlich, was das Kreuz dieses Einen unterscheidet von den vielen Kreuzen der Weltgeschichte.

b. **Der Fluch des Gesetzes:** Für damals bedeutete der Tod Jesu: das Gesetz hat gesiegt! Von Jesus radikal in Frage gestellt, hat es zurückgeschlagen und ihn getötet. Sein Fluch hat getroffen. Als Gekreuzigter ist Jesus ein Gottverfluchter.
Damit ist sein Anspruch widerlegt, seine Autorität dahin, sein Weg als falsch demonstriert: verurteilt ist der Irrlehrer, Pseudoprophet, Volksverführer, Gotteslästerer! Das Gesetz hat über dieses »Evangelium« triumphiert: es ist nichts mit dieser »besseren Gerechtigkeit« aufgrund eines Glaubens, der sich gegen die Gesetzesgerechtigkeit aufgrund gerechter Werke stellt.

c. **Stellvertreter der Sünder:** So erscheint Jesus als die personifizierte Sünde. Buchstäblich als der Stellvertreter aller Gesetzesbrecher und Gesetzlosen, für die er eingetreten ist und die im Grunde dasselbe Schicksal wie er verdienen: der Stellvertreter der Sünder im bösesten Sinn des Wortes!

d. **Gottverlassenheit:** Das aber ist das Besondere dieses Sterbens: Jesus starb nicht nur in Menschenverlassenheit, sondern in uneingeschränkter Gottverlassenheit. Die *einzigartige Gottesgemeinschaft*, in der er sich wähnte, machte auch seine *einzigartige Gottverlassenheit* aus. Dieser Gott und Vater, mit dem er sich bis zum Ende völlig identifiziert hatte, identifizierte sich am Ende nicht mit ihm.
Und so schien alles wie nie gewesen: umsonst. Er, der die Nähe und Ankunft Gottes, seines Vaters, öffentlich vor aller Welt angekündigt hatte, stirbt in dieser völligen Gottverlassenheit und wird so öffentlich vor aller Welt als *Gottloser* demonstriert: ein von Gott selbst Gerichteter, der ein für allemal erledigt ist.
Und weil die *Sache*, für die er gelebt und gekämpft hatte, so sehr an seine *Person* gebunden war, fiel mit seiner Person auch seine Sache. Eine von ihm unabhängige Sache gibt es nicht. Wie hätte man seinem Wort glauben können, nachdem er in dieser himmelschreienden Weise verstummte und verschied?
Alles aus? Oder war etwa mit Jesu Sterben nicht alles aus? Größte Behutsamkeit ist gerade hier angebracht.

10. **Mit Jesu Tod war jedoch nicht alles aus. Der Glaube seiner Gemeinde ist: Der Gekreuzigte lebt für immer bei Gott – als Hoffnung für uns. Auferweckung meint keine Rückkehr ins raumzeitliche Leben, auch keine Fortsetzung des raumzeitlichen Lebens, sondern die Aufnahme in jene unfaßbare und umfassende letzte und erste Wirklichkeit, die wir Gott nennen.**

a. **Der Gekreuzigte lebt:** War mit seinem Tode alles aus? Offensichtlich nicht. Als unbestrittenes Faktum steht fest: die von Jesus ausgehende Bewegung hat erst nach seinem Tode richtig begonnen.
Worin hat sie ihren Grund?
Wenn wir durch die verschiedenen widersprüchlichen Traditionen und legendarischen Ausgestaltungen der Ostergeschichten hindurchsehen, so bleibt das *übereinstimmende Zeugnis der ersten Glaubenden*, die ihren Glauben auf einem wirklichen Widerfahrnis gegründet sahen: Der Gekreuzigte lebt für immer bei Gott – als Hoffnung für uns! Die Menschen des Neuen Testaments sind getragen, angetrieben von der Gewißheit, daß der Getötete nicht im Tod geblieben ist, sondern lebt, und daß, wer vertrauend-glaubend an ihn sich hält, ebenfalls leben wird. Das neue, ewige Leben des Einen als reale Hoffnung für alle!

b. **Was heißt hier »leben«?**

- *Keine Rückkehr* in dieses raumzeitliche Leben: Der Tod wird nicht rückgängig gemacht (keine Wiederbelebung eines Leichnams), sondern definitiv überwunden (Eingang in ein ganz anderes, unvergängliches, ewiges, »himmlisches« Leben).
- *Keine Fortsetzung* dieses raumzeitlichen Lebens: Schon die Rede von »nach« dem Tod ist irreführend; die Ewigkeit ist nicht bestimmt durch vor und nach. Sie meint vielmehr ein die Dimensionen von Raum und Zeit sprengendes neues Leben in Gottes unsichtbarem, unvergänglichem, unbegreiflichem Bereich (= »Himmel«).
- *Auferweckung meint positiv:* Jesus ist nicht ins Nichts hineingestorben, sondern ist im Tod und aus dem Tod in jene unfaßbare und umfassende letzte und erste Wirklichkeit hineingestorben, von jener wirklichsten Wirklichkeit aufgenommen worden, die wir mit dem Namen Gott bezeichnen. Wo der Mensch sein Eschaton, das Allerletzte seines Lebens erreicht, was erwartet ihn da? Nicht das Nichts, sondern jenes Alles, das Gott ist. Der Glaubende weiß: Tod ist Durchgang zu Gott, ist Einkehr in Gottes Verborgenheit, in jenen Bereich, der alle Vorstellungen übersteigt, den keines Menschen Auge je gesehen hat, unserem Zugreifen, Begreifen, Reflektieren und Phantasieren entzogen!

11. Der Auferweckungsglaube ist also nicht Zusatz, sondern Radikalisierung des Gottesglaubens: des Glaubens an den Schöpfergott.

a. **Radikalisierung des Glaubens an Gott:** Der Auferweckungsglaube ist nicht ein Zusatz zum Gottesglauben, sondern ein Glaube an Gott, der nicht auf halbem Wege anhält, sondern den Weg konsequent zu Ende geht. Ein Glaube, in welchem sich der Mensch ohne strikt rationalen Beweis, wohl aber in durchaus vernünftigem Vertrauen darauf verläßt: der Gott des Anfangs ist auch der Gott des Endes; wie er Schöpfer der Welt und des Menschen ist, so ist er auch ihr Vollender.

b. **Radikalisierung des Glaubens an den Schöpfergott:** Der Auferweckungsglaube ist also nicht nur als existentiale Verinnerlichung oder soziale Veränderung zu interpretieren, sondern als eine Radikalisierung des Glaubens an den Schöpfergott:
Auferweckung meint die reale Überwindung des Todes durch den Schöpfergott, dem der Glaube alles, auch das Letzte, auch die Überwindung des Todes zutraut. Das Ende, das ein neuer Anfang ist!
Wer sein Credo mit dem Glauben an »Gott den allmächtigen

Schöpfer« anfängt, darf es auch ruhig mit dem Glauben an »das ewige Leben« beenden. Weil Gott das Alpha ist, ist er auch das Omega. Daß mit dem Tode *alles* aus sei, kann eigentlich nur ein Gottloser behaupten.

c. **Vom Verkündiger zum Verkündigten:** Nach den übereinstimmenden neutestamentlichen Zeugnissen ist es der als lebendig erfahrene und erkannte Jesus von Nazaret selbst, der verstehen läßt, warum seine Sache weiterging – das Rätsel der Entstehung des Christentums:

- warum es nach seinem Tod zu der so folgenreichen Jesus-Bewegung kam, nach Jesu Scheitern zu einem Neubeginn, nach der Jünger Flucht zu einer Gemeinschaft von Glaubenden, die man Kirche nennt;
- warum dieser desavouierte und von Gott gerichtete Irrlehrer, Lügenprophet, Volksverführer und Gotteslästerer in geradezu tollkühner Weise als Gottes Messias, Christus, als der Herr, Erlöser und Gottessohn proklamiert wurde;
- warum der Galgen der Schmach als ein Zeichen des Sieges verstanden werden konnte;
- warum die ersten Zeugen in einer letzten tragenden Zuversicht ohne Furcht vor Verachtung, Verfolgung und Tod eine derart skandalöse Nachricht von einem Hingerichteten als erfreuliche Kunde (Evangelium) unter die Menschen brachten;
- warum also Jesus nicht nur als Gründer und Lehrer verehrt, studiert und befolgt, sondern als im »Geist« gegenwärtig Wirkender erfahren wurde;
- warum man mit seiner spannungsgeladenen, rätselhaften Geschichte das Geheimnis Gottes verbunden sah und somit Jesus selber der eigentliche Inhalt ihrer Verkündigung, die Zu-

sammenfassung der Botschaft vom Gottesreich geworden ist: der zum Glauben Rufende nun der Inhalt des Glaubens; der verkündigende Jesus nun der verkündigte Christus.

12. **Ohne den Glauben an den Auferweckten fehlt dem Glauben an den Gekreuzigten die Bestätigung und Ermächtigung. Ohne den Glauben an das Kreuz fehlt dem Glauben an den Auferweckten die Unterschiedenheit und Entschiedenheit. Das letztlich Unterscheidende des Christentums ist Jesus Christus als der Gekreuzigte.**

a. Was also ist das letztlich Unterscheidende?

Das Unterscheidende des Christentums gegenüber den alten Weltreligionen und modernen Humanismen, so wurde schon bei der ersten umrißhaften Unterscheidung festgestellt, ist dieser *Christus selbst.*

Was aber bewahrt uns vor allen Verwechslungen dieses Christus mit anderen religiösen oder politischen Messiassen, Christusfiguren?

Das Unterscheidende des Christentums – so wurde dann präzisiert – ist der Christus, der mit dem wirklichen, geschichtlichen Jesus von Nazaret identisch ist, ist also konkret dieser Christus *Jesus.*

Was aber bewahrt uns vor allen Verwechslungen dieses geschichtlichen Christus Jesus mit falschen Jesus-Bildern?

Das *letztlich* Unterscheidende des Christentums – es kann jetzt die definitive Antwort gegeben werden – ist ganz wörtlich nach Paulus »Jesus Christus und dieser als *der Gekreuzigte*« (1 Kor 2,2).

b. **Kreuz und Auferweckung:**

Nicht als der Auferweckte, Erhöhte, Lebendige, Göttliche, sondern als der Gekreuzigte unterscheidet sich dieser Jesus Christus unverwechselbar von den vielen auferstandenen, erhöhten, lebendigen Göttern und vergotteten Religionsstiftern, Cäsaren, Genies, Heroen der Weltgeschichte.

Das *Kreuz* ist somit nicht nur Beispiel und Modell, sondern Grund, Kraft und Norm des christlichen Glaubens: das *große Distinctivum*, das diesen Glauben und seinen Herrn auf dem Weltmarkt der religiösen und irreligiösen Weltanschauungen von anderen konkurrierenden Religionen, Ideologien und Utopien und ihren Herren radikal unterscheidet und ihn zugleich in der Wirklichkeit des konkreten Lebens mit seinen Konflikten verwurzelt: »*Jesus* ist der Herr!« – das ist ältestes und knappstes christliches Glaubensbekenntnis.

So trennt das Kreuz den christlichen Glauben vom Unglauben und vom Aberglauben. Das Kreuz gewiß im Licht der Auferweckung, aber zugleich die Auferweckung im Schatten des Kreuzes.

13. Nur vom Glauben an den zum Leben erweckten Jesus her läßt sich die Entstehung der Kirche erklären: Kirche Jesu Christi als Gemeinschaft derer, die sich auf die Sache Jesu Christi eingelassen haben und sie als Hoffnung für alle Menschen bezeugen.

a. **Entstehung:** Jesus hatte *zu seinen Lebzeiten* keine Kirche gegründet: Weder die zur Umkehr bereiten Anhänger Jesu noch die in seine besondere Nachfolge berufenen Jünger noch die Zwölf sind von Jesus als »neues Gottesvolk« oder »Kirche« aus Israel ausgesondert und dem alten Gottesvolk gegenübergestellt worden. – Erst *nach Jesu Tod* und Erweckung zum Leben redet die Urchristenheit von »Kirche«: »Kirche« im Sinne einer von Israel unterschiedenen Sondergemeinschaft ist eindeutig eine nachösterliche Größe. Ihre Grundlage ist zunächst nicht ein eigener Kult, eine eigene Verfassung, eine eigene Organisation mit bestimmten Ämtern, sondern einzig und allein das glaubende Bekenntnis zu diesem Jesus als dem Christus: »Kirche Jesu Christi«!

b. **Aufgabe:** Aufgabe der Kirche ist das eine: der Sache Jesu Christi in jeder Hinsicht zu dienen, sie also nicht zu verstellen, sondern sie im Geiste Jesu Christi für sich selber zu verwirklichen und in der heutigen Gesellschaft als Hoffnung für alle Menschen zur Geltung zu bringen. Zu diesem Dienst gehören als

Grundfunktionen: die Verkündigung der christlichen Botschaft, die Taufe auf Jesu Namen, das Dankesmahl (Eucharistie) im Gedenken an ihn, der Zuspruch der Sündenvergebung und der tägliche Dienst an Mitmensch und Gesellschaft.

c. **Orts- und Gesamtkirche:** Kirche (= ekklesia = Versammlung = Gemeinde) meint als Gemeinschaft der an Jesus Christus Glaubenden zugleich Ortskirche wie Gesamtkirche: die *Ortskirche* ist nicht nur eine »Sektion« oder »Provinz« der Gesamtkirche. Umgekehrt ist die *Gesamtkirche* nicht nur eine »Ansammlung« oder »Assoziation« von Ortskirchen. Sondern jede Ortskirche – sei sie noch so klein, unbedeutend, mittelmäßig, erbärmlich – vergegenwärtigt, manifestiert und repräsentiert voll die gesamte Kirche Jesu Christi (biblische Bilder für beides: Volk Gottes, Leib Christi, Tempel des Heiligen Geistes).

d. **Struktur:** Auf der Basis einer in der christlichen Botschaft grundgelegten Freiheit, Gleichheit und Brüderlichkeit gibt es in der Kirche jedoch zahllose *Unterschiede*, nicht nur der Personen, sondern auch der Funktionen und somit auch vielfältige, funktional bestimmte Über- und Unterordnung. So gibt es in der Kirche auch menschliche Autorität. Doch ist sie nur dort legitim, wo sie auf Dienst gründet und nicht auf offener oder versteckter Gewalt, auf alten oder neuen Privilegien. Besser als vom kirchlichen »Amt« wird man in präziser biblischer Redeweise von kirchlichem »Dienst« sprechen: von sehr vielen und sehr mannigfaltigen »*Diensten*« oder »*Charismen*« (besonderen Berufungen).

Unter den ständigen öffentlichen Diensten nimmt der *Leitungs- oder Vorsteherdienst*, der den Dienst der Apostel in Kirchengründung und Kirchenleitung fortsetzt, eine besondere Stellung ein. Seine Aufgabe ist auf lokaler, regionaler oder universaler Ebene die öffentliche Wahrnehmung der gemeinsamen christlichen Sache: aufgrund besonderer Berufung die christliche Gemeinschaft im Geist Jesu Christi kontinuierlich zu leiten, also anzuregen, zu koordinieren, zu integrieren, nach außen wie innen zu repräsentieren, dies alles durch die Verkündigung des Wortes zusammen mit dem Vollzug der Sakramente und dem tätigen Engagement in Gemeinde und Gesellschaft.

e. **Apostolische Nachfolge:** Von der ganzen Kirche und jedem einzelnen Christen sind ganz *allgemein* apostolische Nachfolge, Übereinstimmung mit dem apostolischen Zeugnis (uns überkommen im Neuen Testament) und der ständige Nachvollzug des apostolischen Dienstes (missionarischer Vorstoß in die Welt und Aufbau der Gemeinde) gefordert. Insofern aber gerade die Leitungsdienste (Bischöfe und Pfarrer) den apostolischen Auftrag der Kirchengründung und -leitung in besonderer Weise weiterführen, kann mit Recht von einer funktional verstandenen *besonderen* apostolischen Nachfolge der Leitungsdienste gesprochen werden. Der *Eintritt* in diese apostolische Nachfolge der Leitungsdienste kann freilich auf *verschiedene* Weise geschehen: Normalfall ist die Berufung durch die Kirchenleiter (unter Beteiligung der Gemeinde). Grundsätzlich kann aber nach dem Neuen Testament jemand Kirchenleiter werden auch aufgrund der Berufung durch andere Gemeindeglieder oder aufgrund eines frei aufbrechenden Charismas zur Kirchengründung oder -leitung. Insofern können auch die Ämter der protestantischen Kirchen volle Gültigkeit beanspruchen. Vom Neuen Testament her sind mehrere Formen der Kirchenverfassung legitim, wenn auch nicht alle gleich angemessen und praktikabel. Eine Aufhebung der Kirchenspaltung zwischen den verschieden verfaßten Kirchen ist anzustreben.

14. Der entscheidende Unterschied zwischen »katholisch« und »evangelisch« liegt heute nicht mehr in einzelnen traditionellen Lehrdifferenzen, sondern in verschiedenen Grundhaltungen, die sich seit der Reformation ausbildeten, heute aber in ihrer Einseitigkeit überwunden und in eine wahre Ökumenizität integriert werden können.

a. Die einzelnen **traditionellen Lehrdifferenzen** beziehen sich auf Schrift und Tradition, Sünde und Gnade, Glaube und Werke, Eucharistie und Priestertum, Kirche und Papsttum. In all diesen Punkten kann man sich zumindest theoretisch verständigen oder hat man sich bereits verständigt. Nur sollten insbesondere die Kirchenleitungen die theologischen Erkenntnisse mitvollziehen und in die Praxis umsetzen.

b. Der entscheidende Unterschied liegt in seit der Reformationszeit **traditionellen Grundhaltungen:**

- *Katholisch* in der Grundhaltung ist, wem besonders an der katholischen = *ganzen*, allgemeinen, umfassenden, gesamten Kirche gelegen ist. Konkret: an der in allen Brüchen sich durchhaltenden *Kontinuität* von Glaube und Glaubensgemeinschaft in der Zeit (Tradition) und an der alle Gruppen umfassenden *Universalität* von Glaube und Glaubensgemeinschaft im Raum (gegen »protestantischen« Radikalismus und

Partikularismus, die nicht zu verwechseln sind mit evangelischer Radikalität und Gemeindebezogenheit).

- *Evangelisch* in der Grundhaltung ist, wem in allen kirchlichen Traditionen, Lehren und Praktiken besonders am ständigen kritischen Rückgriff auf das *Evangelium* (Schrift) und an der ständigen praktischen *Reform* nach der Norm des Evangeliums gelegen ist (gegen »katholischen« Traditionalismus und Synkretismus, die nicht zu verwechseln sind mit katholischer Tradition und Weite).

c. Doch richtig verstanden **schließen sich** katholische und evangelische Grundhaltung **keineswegs aus:** Heute kann auch der geborene Katholik wahrhaft evangelisch gesinnt sein, so daß bereits jetzt zahllose Christen in aller Welt – trotz der Widerstände in den kirchlichen Apparaten – faktisch eine vom Evangelium her zentrierte »evangelische Katholizität« oder eine auf katholische Weite bedachte »katholische Evangelizität« leben, kurz: eine echte *Ökumenizität* realisieren. Auf diese Weise kann heute ein Christ im vollen Sinn Christ sein, ohne seine eigene konfessionelle Vergangenheit zu verleugnen, ohne aber auch eine bessere ökumenische Zukunft zu verbauen: Wahres Christsein bedeutet heute ökumenisches Christsein!

15. **Ökumenische Grundlage aller christlichen Kirchen ist das biblische Bekenntnis zu Jesus als dem Christus = dem Maßgebenden für die Beziehungen des Menschen zu Gott und zu seinen Mitmenschen. Dieses Bekenntnis muß in jede neue Zeit hinein neu übersetzt werden.**

a. Immer wieder neu wurde in der Geschichte des Glaubens zum Ausdruck gebracht, daß in Wirken und Person Jesu *Gott selbst* begegnet, sich wirklich manifestiert – freilich nicht wahrnehmbar für den neutralen Beobachter, wohl aber für den sich vertrauensvoll auf Jesus einlassenden, glaubenden Menschen. So ist der wahre Mensch Jesus von Nazaret für den Glauben der Kirche **des einen wahren Gottes wirkliche Offenbarung.**

b. Dieses Bekenntnis zu Jesus Christus ist bei aller Kontinuität des Glaubens in der Geschichte der Kirche aus der Zeit heraus theologisch **verschieden interpretiert** worden und ist von daher immer wieder neu unter Berücksichtigung des geschichtlich Gewordenen (Tradition) in die Gegenwart hinein zu übersetzen: kein anderes Evangelium, doch dasselbe alte Evangelium für heute neu entdeckt!

c. Daß in der Geschichte Jesu Christi wahrhaft **Gott und Mensch im Spiel** sind, daran muß auch heute unverrückbar im

Glauben festgehalten werden, auch und gerade wenn Gottessohnschaft, Vorausexistenz, Schöpfungsmittlerschaft, Menschwerdung für die heutige Zeit neu interpretiert werden müssen. Vom Neuen Testament her kann auch heute keine Interpretation der Geschichte Jesu Christi verantwortet werden, bei der Jesus Christus »nur Gott« ist: ein der menschlichen Mängel und Schwächen enthobener, über die Erde wandelnder Gott. Oder »nur Mensch«: nur ein Prediger, Prophet oder Weisheitslehrer, Symbol oder Chiffre für allgemein menschliche Grunderfahrungen.

d. Wenn man nach diesen negativen Abgrenzungen auf neutestamentlicher Grundlage in aller Fehlbarkeit eine zeitgemäße positive Umschreibung der seit dem 5. Jahrhundert verbindlichen **klassischen Formel** »wahrer Gott und wahrer Mensch« (Konzil von Chalkedon 451 im Anschluß an das von Nikaia 325) versuchen darf:

- **wahrhaft Gott:** Die ganze Bedeutsamkeit des Geschehens in und mit Jesus von Nazaret hängt daran, daß *in Jesus* – der den Menschen als Gottes Sachwalter und Platzhalter, Repräsentant und Stellvertreter erschien und als der Gekreuzigte zum Leben erweckt von Gott bestätigt wurde – für die Glaubenden der menschenfreundliche *Gott selber* nahe war, gesprochen hat, gehandelt hat, endgültig sich geoffenbart hat. Alle oft in mythologische oder halbmythologische Formen der Zeit gekleideten Aussagen über Gottessohnschaft, Vorausexistenz, Schöpfungsmittlerschaft und Menschwerdung wollen letztlich nicht mehr und nicht weniger als das eine: die *Einzigartigkeit, Unableitbarkeit und Unüberbietbarkeit* des in und mit Jesus lautgewordenen *Anrufs, Angebots, Anspruchs* begründen, der letztlich nicht menschlichen, sondern göttlichen Ursprungs ist und deshalb, absolut verläßlich, die Menschen unbedingt angeht;

- **wahrhaft Mensch:** Daß Jesus ohne Abstriche mit allen Konsequenzen (Leidensfähigkeit, Angst, Einsamkeit, Ungesichertheit, Versuchungen, Zweifel, Irrtumsmöglichkeit) *voll und ganz Mensch war*, muß auch heute noch gegen alle Vergottungstendenzen immer wieder betont werden. Aber nicht ein bloßer Mensch, sondern der *wahre Mensch*. Als solcher gab er – wie hier im Zeichen der wahrzumachenden Wahrheit, der Einheit von Theorie und Praxis, Bekenntnis und Nachfolge, Glauben und Handeln zum Ausdruck gebracht – durch seine Verkündigung, sein Verhalten und Geschick ein *Modell des Menschseins*, das einem jeden, der sich vertrauensvoll darauf einläßt, ermöglicht, den Sinn des Menschseins und seiner Freiheit im Dasein für die Mitmenschen zu entdecken und zu verwirklichen. Als von Gott bestätigt, stellt er so schließlich den bleibend verläßlichen letzten *Maßstab des Menschseins* dar.

e. An der vom Neuen Testament wirklich gedeckten Wahrheit der alten christologischen Konzilien soll also nichts abgestrichen werden, auch wenn sie aus dem soziokulturellen hellenistischen Kontext immer wieder in den Verstehenshorizont unserer Zeit hinein zu übersetzen ist. Nicht auf die Konstanz der Terminologie und Begrifflichkeit, sondern auf die Konstanz der großen Intentionen und entscheidenden Inhalte kommt es an.
Nach dem Neuen Testament entscheidet sich das Christsein nicht letztlich mit der Zustimmung zu diesem oder jenem noch so hohen Dogma über Christus, nicht mit einer Christologie oder Christustheorie, sondern mit dem **Christusglauben** und der **Christusnachfolge**!

C. Wer handelt christlich?

16. **Das Unterscheidende des christlichen Handelns ist also die Nachfolge Christi. Dieser Christus Jesus ist in Person die lebendige, maßgebende Verkörperung seiner Sache: Verkörperung einer neuen Lebenseinstellung und eines neuen Lebensstiles. Als konkrete geschichtliche Person besitzt Jesus Christus eine Anschaulichkeit, Vernehmbarkeit und Realisierbarkeit, die einer ewigen Idee, einem abstrakten Prinzip, einer allgemeinen Norm, einem gedanklichen System abgeht.**

a. **Nachfolge:** Sie unterscheidet die Christen von Schülern und Anhängern anderer großer Männer, insofern für die Christen eine letzte Verwiesenheit an diese Person – nicht nur ihr Lehren, sondern auch ihr Leben, Sterben und neues Leben – gegeben ist. Kein Marxist oder Freudianer würde das für seinen Lehrer beanspruchen wollen. Obwohl Marx und Freud ihre Werke persönlich verfaßt haben, können diese auch ohne eine besondere Bindung an ihre Person studiert und befolgt werden. Ihre Werke, ihre Lehre sind von ihrer Person grundsätzlich ablösbar.

Die Evangelien, die »Lehre« (Botschaft) Jesu selbst aber versteht man in ihrer eigentlichen Bedeutung erst, wenn man sie im Licht seines Lebens, Sterbens und neuen Lebens sieht: seine

»Lehre« ist im ganzen Neuen Testament *von seiner Person nicht ablösbar.* Jesus ist so für die Glaubenden gewiß Lehrer, aber zugleich entschieden mehr als Lehrer: er ist in Person die lebendige, maßgebende Verkörperung seiner Sache.

So heißt Nachfolge: mich auf ihn und seinen Weg einlassen und *nach seiner Wegweisung meinen eigenen Weg* – jeder hat seinen eigenen – *gehen.* Diese Möglichkeit wurde von Anfang an als große Chance angesehen: kein Müssen, sondern ein Dürfen, ein wahres Geschenk, das nichts voraussetzt als das eine, daß man es vertrauend-glaubend ergreift und sein Leben danach einstellt. Auf die neue Lebens-Einstellung und den von dorther bestimmten neuen Lebens-Stil kommt es an.

b. **Anschaulichkeit:** Eine konkrete Person regt nicht nur das Denken und den kritisch-rationalen Diskurs an, sondern immer neu auch Phantasie, Einbildungskraft und Emotionen, Spontaneität, Kreativität und Innovation, kurz, alle Schichten des Menschen. Nicht ein Prinzip, nur eine lebendige Gestalt kann *anziehend*, im tiefsten und umfassendsten Sinn des Wortes »attraktiv« sein: verba docent, exempla trahunt.

c. **Vernehmbarkeit:** Eine konkrete geschichtliche Person hat ihren unverwechselbaren Eigennamen. Und der Name Jesus kann eine Macht, einen Schutz, eine Zuflucht, einen Anspruch bedeuten: weil er gegen Unmenschlichkeit, Unterdrückung, Unwahrhaftigkeit und Ungerechtigkeit für Menschlichkeit, Freiheit, Gerechtigkeit, Wahrheit und Liebe steht. Eine konkrete geschichtliche Person hat Wort und Stimme. Sie kann rufen und berufen. Nicht ein Prinzip, nur eine lebendige Gestalt kann in umfassender Weise *fordernd* wirken: nur sie kann einladen, auffordern, herausfordern.

d. **Realisierbarkeit:** Eine konkrete geschichtliche Person ist von unbestreitbarer Realität, auch wenn sie verschieden interpretiert werden kann. Bei Jesu Person und seinem Weg geht es nicht um eine reine Möglichkeit, sondern um eine verwirklichte Möglichkeit. Mit dem Blick auf ihn darf der Mensch wissen, daß sein Weg zu gehen und durchzuhalten *ist.* Es wird hier also nicht einfach ein Imperativ auferlegt: Du sollst den Weg gehen, dich rechtfertigen, befreien! Es wird ein Indikativ vorausgesetzt: Er ist den Weg gegangen, und du *bist* – im Blick auf ihn – gerechtfertigt, befreit. Nicht ein Prinzip, nur eine lebendige Gestalt kann in dieser umfassenden Weise *ermutigend* wirken. Nur sie kann in dieser Weise zur Befolgung anregen: indem sie das Vertrauen ermöglicht und stärkt, den Weg auch gehen zu können, indem sie die Zweifel an der eigenen Kraft zum guten Handeln zerstreut.

17. **So bedeutet Jesus für den Menschen von heute ein in vielen Weisen zu realisierendes Grund-Modell einer Lebensschau und Lebenspraxis. Er ist in Person im Positiven wie im Negativen die Einladung (Du darfst!), der Appell (Du sollst!), die Herausforderung (Du kannst!) für den Einzelnen und die Gesellschaft: er ermöglicht konkret eine neue Grundorientierung und Grundhaltung, neue Motivationen, Dispositionen, Aktionen, einen neuen Sinnhorizont und eine neue Zielbestimmung.**

Als das maßgebende **Grundmodell** einer Lebensschau und Lebenspraxis liefert Jesus nicht eine in Gesetze gefaßte Lebens-, Staats- oder Gesellschaftsordnung, sondern ganz konkret einladende, verpflichtende und herausfordernde *Beispiele, Zeichentaten, Musterfälle, Leitwerte, Orientierungsmaßstäbe.*
Und gerade so beeindruckt und beeinflußt, verändert und verwandelt er die glaubenden Menschen und damit die menschliche Gesellschaft. Dem Einzelnen wie der Gemeinschaft, die sich auf ihn einlassen, vermittelt und ermöglicht Jesus ganz konkret:

a. **eine neue Grundorientierung und Grundhaltung:** eine neue Lebenseinstellung, zu der Jesus herausgefordert und deren Konsequenzen er aufgezeigt hat. Derjenige Mensch oder diejenige Menschengemeinschaft dürfen und können anders, echter, menschlicher leben, die als konkretes Leitbild und Lebensmodell für ihr Verhältnis zu Mensch, Welt und Gott diesen Jesus Christus vor sich haben. Er ermöglicht eine Identität und Kohärenz im Leben;

b. **neue Motivationen:** neue Motive des Handelns, die von Jesu »Theorie« und »Praxis« abgelesen werden können. Von ihm her ist es möglich, die Frage zu beantworten, warum der Mensch gerade so und nicht anders handeln, warum er nicht hassen, sondern lieben soll, warum er – worauf selbst Freud keine Antwort wußte – auch dann noch ehrlich, schonungsbereit und womöglich gütig sein soll, wenn er dadurch zu Schaden kommt und durch die Unverläßlichkeit und Brutalität anderer zum »Amboß« wird;

c. **neue Dispositionen:** neue konsistente Einsichten, Tendenzen, Intentionen, die im Geist Jesu Christi gefaßt und durchgehalten werden. Nicht nur für vereinzelte und vorübergehende Momente, sondern auf Dauer werden hier Bereitwilligkeit erzeugt, Haltungen geschaffen, Qualifikationen vermittelt, die das Verhalten zu steuern vermögen: Dispositionen des unprätentiösen Engagements für die Mitmenschen, der Solidarisierung mit den Benachteiligten, des Kampfes gegen ungerechte Strukturen; Dispositionen der Dankbarkeit, Freiheit, Großzügigkeit, Selbstlosigkeit, Freude, aber auch des Schonens, Verzeihens und Dienens; Dispositionen, die sich auch in Grenzsituationen bewähren, in der Opferbereitschaft aus der Fülle des Sichverschenkens, im Verzicht auch da, wo man es nicht nötig hätte, in der Leistungsbereitschaft um der größeren Sache willen;

d. **neue Aktionen:** neue Taten im Kleinen oder Großen, die in der Nachfolge Jesu Christi gerade auch dort ansetzen, wo niemand hilft. Nicht nur allgemeine gesellschaftsverändernde Programme, sondern konkrete Zeichen, Zeugnisse, Zeugen der Menschlichkeit und der Vermenschlichung des Menschen wie der menschlichen Gesellschaft;

e. **einen neuen Sinnhorizont und eine neue Zielbestimmung:** in der letzten Wirklichkeit, in der Vollendung von Mensch und Menschheit in Gottes Reich, die nicht nur das Positive des Menschenlebens, sondern auch das Negative zu tragen vermögen. In der Nachfolge Jesu Christi wird nicht nur für Leben und Handeln, sondern auch für Leiden und Sterben des Menschen, wird nicht nur für die Erfolgsgeschichte, sondern auch für die Leidensgeschichte der Menschheit dem Glaubenden ein letzter Sinn gegeben.

18. Auch für die Kirche muß Jesus in allem der Maßgebende bleiben. Glaubwürdig ist die Kirche nur dann, wenn sie in seiner Nachfolge den Weg geht als eine provisorische, dienende, schuldbewußte, entschiedene Kirche. Daraus müssen in jeder Zeit praktische Konsequenzen für die ständige innerkirchliche Reform und die ökumenische Verständigung abgeleitet werden.

Die Kirche ist nicht das Gottesreich, aber sie darf und soll Sprecherin und Zeugin des Gottesreiches sein. Dies ist sie *glaubwürdig* nur dann, wenn sie Jesu Botschaft nicht in erster Linie anderen, sondern sich selber sagt und dabei die Forderungen Jesu nicht nur predigt, sondern erfüllt. Ihre ganze Glaubwürdigkeit hängt also an der *Treue zu Jesus und zu seiner Sache.* Insofern ist keine der heutigen Kirchen – auch nicht die katholische – automatisch und in jeder Hinsicht mit der Kirche Jesu Christi identisch. Das ist eine Kirche nur, insofern sie Jesus und seiner Sache die Treue hält. Dann geht sie ihren Weg als:

a. **provisorische Kirche:** Eine Glaubensgemeinschaft, die immer daran denkt, daß sie ihr Ziel nicht in sich selbst, sondern in Gottes Reich finden wird, die vermag in einer spannungsreichen Geschichte durchzuhalten: sie weiß dann, daß sie kein endgültiges System zu erstellen, keine bleibende Heimat zu bieten braucht, daß sie gar nicht verwundert sein muß, wenn sie in ihrer Vorläufigkeit von Zweifeln angefochten, von Hindernissen blockiert, von Problemen belastet wird;

b. **dienende Kirche:** Eine Glaubensgemeinschaft, die sich bewußt bleibt, daß nicht sie, sondern Gottes Reich in »Macht und Herrlichkeit« kommen wird, die findet in ihrer Kleinheit ihre wahre Größe: sie weiß dann, daß sie gerade ohne Machtentfaltung und Gewaltanwendung groß ist, daß sie nur in selbstlosem tätigem Dienst an der Gesellschaft, an den Menschen und Gruppen und auch an ihren Gegnern ihre Würde findet und daß ihr Dasein doch von der Gesellschaft immer wieder ignoriert, vernachlässigt und nur toleriert, bedauert, beklagt oder weggewünscht wird, daß aber für sie über allen anderen Mächten unangreifbar Gottes Macht herrscht und sie selber unter den Völkern und in den Herzen der Menschen heilsam am Werke sein kann;

c. **schuldbewußte Kirche:** Einer Glaubensgemeinschaft, die in einer Geschichte der Treue und Untreue, der Erkenntnis und des Irrtums damit ernst macht, daß erst Gottes Reich Gutes und Böses, Wahrheit und Irrtum getrennt haben wird, der wird aus Gnade jene Heiligkeit zuerkannt, die sie sich selber nicht verschaffen kann: sie weiß dann, daß sie der Gesellschaft kein Theater hoher Moralität vorzuspielen braucht, als ob gerade bei ihr alles zum besten bestellt sei, daß ihr Glaube schwach, ihr Erkennen zwielichtig, ihr Bekennen stammelnd ist, daß es keine einzige Sünde und Verfehlung gibt, der nicht auch sie in dieser oder jener Weise schon erlegen wäre, so daß sie bei aller dauernden Distanzierung von der Sünde nie Anlaß hat, sich von irgendwelchen Sündern zu distanzieren;

d. **entschiedene Kirche:** Die Glaubensgemeinschaft, die bei allem Versagen stets auf das durch Gottes Tat kommende Reich ausgerichtet bleibt und daran denkt, für wen sie sich entschieden hat, die wird wahrhaft frei: frei in der Nachfolge Jesu Christi zum Dienst an der Welt, frei für den Menschendienst, in welchem sie Gott dient, und frei für den Gottesdienst, in welchem sie den Menschen dient. Frei sogar für die Überwindung des Leids, der Schuld und des Todes aus der Kraft des Kreuzes des lebendigen Jesus. Frei für die allumfassende schöpferische Liebe, die schon jetzt die unheile Welt nicht nur interpretiert, sondern verändert aus der unerschütterlichen Hoffnung auf das kommende Reich der vollen Gerechtigkeit, des ewigen Lebens, der wahren Freiheit, der unbegrenzten Liebe und des kommenden Friedens, auf die Aufhebung also aller Entfremdung und die endgültige Versöhnung der Menschheit mit Gott.

e. **Praktische Impulse:** Eine solche Besinnung auf das Evangelium Jesu Christi als der Mitte und dem Fundament der Kirche muß in jeder Zeit zu zahlreichen praktischen Konsequenzen führen. Heute besonders in zweifacher Hinsicht:
(1) für die wachsende *ökumenische Integration* der verschiedenen Kirchen: durch Reform und gegenseitige Anerkennung der kirchlichen Ämter, durch gemeinsamen Wortgottesdienst, offene Kommunion und immer mehr auch gemeinsame Abendmahlfeiern, durch gemeinsamen Bau und gemeinsame Benützung von Kirchen und anderen Einrichtungen, durch gemeinsame Erfüllung des Dienstes an der Gesellschaft, durch zunehmende Integration auch der theologischen Fakultäten und des Religionsunterrichts, durch Erstellung konkreter Unionspläne von seiten der Kirchenleitungen auf nationaler und universaler Ebene;
(2) für die *innerkirchliche Reform* gerade auch der katholischen

Kirche: in bezug auf den Stil der Kirchenleitung, die Bischofs- und Papstwahl, den Zwangszölibat, die Mitverantwortung der Laien, die Gleichstellung der Frau (Ordination), die Gewissensfreiheit in Fragen der Moral (Geburtenregelung).

19. **Gerade in der Bewältigung des Negativen haben christlicher Glaube und nichtchristliche Humanismen ihre Nagelprobe zu bestehen. Für den Christen ist die volle Bewältigung des Negativen nur vom Kreuz her sinnvoll. Kreuzesnachfolge meint nicht kultische Anbetung, mystische Versenkung oder ethische Nachahmung. Sie meint die vielfältige praktische Entsprechung zum Kreuz Jesu, in der der Mensch in Freiheit seinen eigenen Lebens- und Leidensweg erkennt und zu gehen versucht.**

a. **Mißverständnisse:** Wir möchten uns hier nicht mit den zahllosen primitiven Entstellungen der Kreuzesnachfolge aufhalten, so folgenschwer sie sich für den Einzelnen wie für ganze Kirchengebiete auswirken können: wieviel Schindluder hat man mit dem Kreuz getrieben! Drei sublimere Mißverständnisse der Kreuzespredigt aber müssen um der echten Kreuzesnachfolge willen aufgezeigt werden:

- Kreuzesnachfolge meint *nicht kultische Anbetung:* Jesu Kreuz sprengt alle Schemata von Opfertheologie und Kultpraxis. Die Profanität seines Kreuzes sperrt sich gegen die kultische Vereinnahmung und liturgische Glorifizierung des Gekreuzigten.
- Kreuzesnachfolge meint *nicht mystische Versenkung:* kein in

Gebet und Meditation verkrampftes privatisiertes Miterleiden auf gleicher Ebene im Einswerden mit Jesu seelisch-leiblichen Schmerzen. Das wäre falsch verstandene Kreuzesmystik.

- Kreuzesnachfolge meint *nicht ethische Nachahmung* des Lebensweges Jesu: Sie meint nicht die getreue Kopie des Lebensmodells seines Lebens, Verkündigens und Sterbens, die niemand liefern kann.

b. **Entsprechung:** Gerade indem sich das Kreuz der Kopie entzieht, ist und bleibt es eine Herausforderung: das eigene Leid auf sich zu nehmen, im Risiko der eigenen Situation und in der Ungewißheit der Zukunft seinen *eigenen Lebens- und Leidensweg* zu gehen. Also:

- Das Leid nicht suchen, sondern ertragen.
- Das Leid nicht nur ertragen, sondern bekämpfen.
- Das Leid nicht nur bekämpfen, sondern verarbeiten.

Mit einem Wort: *Freiheit im Leiden.* Das bedeutet konkret: Des Menschen Dasein, in welchem Gesellschafts- und Wirtschaftssystem auch immer, ist ein durchkreuztes, ein durch das Kreuz – durch Schmerz, Sorge, Leid und Tod – bestimmtes Geschehen. Erst vom *Kreuze Jesu her* bekommt das durchkreuzte Dasein des Menschen einen *Sinn.* Nachfolge ist immer, manchmal verborgen, manchmal offenkundig, leidende Nachfolge, Kreuzesnachfolge. Läßt sich der Mensch darauf ein? Unter seinem Kreuz ist er Jesus dem Gekreuzigten, seinem Herrn, am nächsten. In seiner eigenen Passion ist er in die Passion Jesu Christi gestellt. Und gerade dies ermöglicht ihm in allem Leid eine letzte souveräne *Überlegenheit.* Denn kein Kreuz der Welt kann das Sinn-Angebot widerlegen, das im Kreuz des zum Leben Erweckten ergangen ist:

daß auch das Leid, daß auch äußerste Bedrohung, Sinnlosigkeit, Nichtigkeit, Verlassenheit, Einsamkeit und Leere von einem mit dem Menschen solidarischen Gott umfangen sind,
daß also dem Glaubenden ein Weg zwar nicht am Leid vorbei, wohl aber durch das Leid hindurch eröffnet ist, damit er, gegenüber dem Leid in aktiver Indifferenz, gerade so bereit ist zum Kampf gegen das Leid und seine Ursachen, im Leben des Einzelnen und der Gesellschaft.

20. **Doch bei aller Herausforderung zum Handeln wird es im Blick auf den gekreuzigten Jesus für den Menschen letztlich nicht auf seine Leistungen (Rechtfertigung durch Leistung) ankommen, sondern auf sein unbedingtes Vertrauen auf Gott im Guten wie im Bösen und so auf einen letzten Sinn im Leben (Rechtfertigung durch Glauben).**

a. **Rechtfertigung durch Leistung:** In der modernen Leistungsgesellschaft erfährt der Mensch das, was Paulus den »Fluch des Gesetzes« genannt hat: das moderne Leben hält ihn unter Leistungszwang, Zugzwang, Erfolgszwang. Ständig muß er sich in seiner Existenz *selbst rechtfertigen*: nicht mehr wie früher vor dem Richterstuhl Gottes, sondern vor dem Forum seiner Umwelt, vor der Gesellschaft, vor sich selbst. Und rechtfertigen kann er sich in dieser Leistungsgesellschaft nur durch Leistung: nur durch Leistungen ist er etwas, behält er seinen Platz in der Gesellschaft, gewinnt er das Ansehen, das er braucht. *Aber:* Durch alle Leistungen, durch all sein Tun gewinnt der Mensch noch keineswegs Sein, Identität, Freiheit, Personsein, gewinnt er noch keineswegs die Bestätigung seines Ich und den Sinn seiner Existenz. Wer nur sich selber bestätigen, nur sich selber rechtfertigen will, der wird sein Leben verfehlen.

b. **Worauf es nicht ankommt:** Es gibt auch einen anderen Weg: nicht etwa nichts tun. Nicht etwa auf Leistung von vornherein verzichten, sie von vornherein verteufeln. Aber wissen, daß der Mensch in seinem Beruf und in seiner Arbeit nicht aufgeht, daß die Person mehr ist als ihre Rolle, daß die Leistungen zwar wichtig, aber nicht entscheidend sind: die guten nicht und die schlechten nicht. Kurz: daß es letztlich, vor Gott, gerade *nicht auf die Leistungen ankommt*!

Von Jesus Christus her sollte es möglich sein, eine *andere Grundhaltung einzunehmen*, ein anderes Bewußtsein zu erreichen, eine andere Lebenseinstellung zu gewinnen, um die Grenzen des Leistungsdenkens zu erkennen, um dem Leistungswahn zu entrinnen und den Leistungszwang zu durchbrechen, wirklich frei zu werden.

c. **Worauf es ankommt:** Es sind nicht etwa nur die positiven, schönen und guten Leistungen des Menschen, auf die es letztlich nicht ankommt. Die tröstliche Seite derselben Botschaft ist: es sind auch die negativen, bösen und häßlichen »Leistungen« des Menschen – und wieviel »leistet« sich jeder Mensch, auch wenn er nicht gerade ein sündiger Zöllner ist –, auf die es letztlich, zu unserem Glück, ebensowenig ankommt. Letztlich kommt es bei allem unumgänglichen Tun und Lassen des Menschen auf etwas anderes an: *daß der Mensch im Guten wie im Bösen auf gar keinen Fall je sein unbedingtes Vertrauen auf Gott aufgibt.*

Woher hat der Mensch diese Gewißheit? Der Gekreuzigte, der in absoluter Passivität zu keiner Leistung mehr fähig ist und der schließlich doch gegen die Vertreter der frommen Leistungen als der von Gott Gerechtfertigte dasteht, ist und bleibt das lebendige Zeichen Gottes dafür, daß das Entscheidende nun eben doch nicht vom Menschen und seinen Taten, sondern – zum Wohl des

Menschen im Guten wie im Bösen – vom barmherzigen Gott abhängt, der vom Menschen in dessen eigener Passion ein unerschütterliches Vertrauen erwartet. Von Jesus als dem Gekreuzigten her also hat der Mensch die Gewißheit.

d. **Rechtfertigung durch den Glauben:** Auf diese Weise steht der Mensch nicht nur in seinen Leistungen und Rollen, sondern in seiner ganzen Existenz, in seinem Menschsein gerechtfertigt da, ganz unabhängig von seinen Leistungen. Er weiß, *daß sein Leben einen Sinn hat*: nicht nur in Erfolgen, auch in Mißerfolgen, nicht nur bei Glanzleistungen, auch bei Fehlleistungen, nicht nur bei Leistungssteigerung, auch bei Leistungsabfall. Sein Leben hat also einen Sinn selbst dann, wenn er von seiner Umgebung oder der Gesellschaft aus irgendeinem Grund nicht mehr akzeptiert sein sollte.
Das heißt Glaube: daß einer, ob er gesund oder krank, arbeitsfähig oder arbeitsunfähig, leistungsstark oder leistungsschwach, erfolgsgewohnt oder erfolgsverlassen, schuldig oder unschuldig, nicht nur am Ende, sondern sein ganzes Leben hindurch an jenem Vertrauen unbedingt und unerschüttert festhält. Wenn so in aller Menschlichkeit sein »Te Deum« dem einen wahren Gott und nicht den falschen Göttern – Geld, Genuß, Macht, Erfolg – gilt, dann darf er es wagen, auch das Ende dieses Hymnus, in welcher Situation auch immer, als Verheißung auf sich zu beziehen: »Auf dich, Herr, habe ich vertraut, und ich werde in Ewigkeit nicht zuschanden.«

Statt eines Nachworts

Pressekonferenz zum Erscheinen des Buches »Christ sein« am 10. Oktober 1974 auf der Frankfurter Buchmesse

Es wird immer wieder von rechts und links darüber diskutiert, ob ein katholischer Theologe mit meinen Auffassungen in der katholischen Kirche bleiben könne. Gestatten Sie mir bei dieser Gelegenheit eine persönliche Bemerkung: Heute, am 10. Oktober 1974, gerade zu dieser Stunde ordiniert Kardinal Döpfner in der römischen Kirche St. Ignazio elf Alumnen des päpstlichen Collegium Germanicum zu Priestern der katholischen Kirche. Man kann es einen Zufall nennen, denn ich habe Tag und Stunde dieser Pressekonferenz nicht selber gewählt: Heute vor genau zwanzig Jahren, am 10. Oktober 1954 zur selben Stunde in derselben römischen Kirche des Ignatius von Loyola wurde als Alumnus desselben päpstlichen Collegium Germanicum ich selber zum Priester der katholischen Kirche ordiniert. Und nachdem ich dieser Kirche zwanzig Jahre lang bei aller unumgänglichen konstanten Kritik Loyalität und Treue bewahrt, für sie gearbeitet, studiert und gestritten habe, werden Sie es vielleicht verstehen: Ich habe es, geradeheraus gesagt, satt, immer wieder neu zu beteuern, daß und warum ich vom Evangelium her konsequent in dieser katholischen Kirche zu bleiben gedenke. In meinem neuen Buch habe ich es noch einmal dargelegt. Jedenfalls fühle ich mich nach zwanzig Jahren nicht weniger katholisch als am Tag meiner Ordination, was die Realisierung der berechtigten evangelischen Forderungen in unserem ökumenischen Zeitalter freilich nicht aus-, sondern einschließt.

Ein zweites sei sogleich hinzugefügt: Man kann es ebenfalls

einen Zufall nennen, daß ich heute nach zwanzig Jahren nicht im Pfarramt stehe, zu dem ich mich damals hingezogen fühlte, sondern im akademischen Lehramt, zu dem ich mich nicht gedrängt habe. Die pastoralen Intentionen sind dieselben geblieben wie die des damaligen Dienerkaplans des Collegium Germanicum, des späteren Vikars in Luzern, des geistlichen Heimleiters in Münster/Westfalen, auch wenn nun seit fünfzehn Jahren die Arbeit eines akademischen Lehrers und Forschers in Tübingen zu leisten war. Die Arbeit also eines Theologen, dessen nüchterne und reichlich mühselige Aufgabe die »Theo-logie«, die »Rede von Gott« ist: wie man so von Gott und vom Göttlichen in der Welt von heute sprechen kann, daß die Menschen es nicht unverstanden nachbeten, sondern wirklich verstehen. Und nicht irgendeine, sondern eine »christliche« Theologie: wie man so von diesem Christus Jesus sprechen kann, daß die Menschen nicht nur traditionelle christliche Formeln wiederholen, sondern aus der christlichen Botschaft in der Gesellschaft von heute überzeugend leben und handeln können. Theologie also verstanden als eine »Dienstleistung« an den Menschen, die, wie man sich in der heutigen Industriegesellschaft immer mehr bewußt wird, andere Bedürfnisse haben als nur die materiellen.

Zwanzig Jahre Theologie sind in dieses Buch eingegangen. Das Buch ist trotz erster Presseberichte kein Blick zurück im Zorn, sondern ein realistisch sichtender Blick nach vorn. Es ist keine Abrechnung mit den zwanzig Jahren; ich habe keine theologische Vergangenheit zu bewältigen. Es ist eine Aufarbeitung von zwanzig Jahren, in denen mir langsam deutlicher wurde, was Menschsein und Christsein bedeuten kann: vom evangelischen Ursprung her für den Menschen in der Gegenwart. Dieses nach vielen Richtungen hin zweifellos sehr kritische Buch ist nicht gegen Rom geschrieben, aber es ist auch für Rom – und für den Weltrat der Kirchen – geschrieben. Es ist geschrieben zur Verteidigung und Rechtfertigung, zur Klärung und Herausforderung christlichen Glaubens und Lebens in einer Zeit, in der die Kirchen an Glaubwürdigkeit leider eher verloren als gewonnen haben. Es möchte für diese Gegenwart die ursprüngliche christliche Botschaft und insbesondere die Gestalt Jesu von Nazaret zum Leuchten bringen. Es möchte freilich nicht nur theologisch proklamieren, deklamieren oder deklarieren. Es möchte begründen, daß, warum, wie auch ein kritischer Mensch es heute vor seiner Vernunft und seiner Umgebung verantworten kann, Christ zu sein. Vielleicht desavouiert dieses Buch nun doch endgültig die wohlfeilen Küng-Klischees vom destruktiven Kirchenkritiker, Papstfeind und Dogmenzertrümmerer. Dieses Buch möchte nicht mehr und nicht weniger als Mut machen zum Christsein.

Freilich läßt dieses Buch nichts kritisch unbefragt, aber es stößt durch alle negative Kritik hindurch immer zu positiven Antworten vor. Und weil es überall möglichst umfassend sichten und in den entscheidenden Punkten möglichst genau differenzieren und interpretieren wollte, konnte es nicht kurz sein. Es behandelt einen Stoff, der anderwärts in mehreren Bänden untergebracht ist.

Erwarten Sie also von diesem Buch keine billigen Sensationen. Die eigentliche Sensation ist, was hier und heute, für den Einzelnen und die Gesellschaft dieser Jesus von Nazaret selber von Gott und den Menschen durch Wort, Tat und Geschick zu sagen hat. Also einfach ein Jesus-Buch mehr? Keineswegs. Was aber ist dann die Originalität dieses Buches? Jedenfalls nicht, was hier alles über Wunder, echte und unechte Jesusworte, Jungfrauengeburt und leeres Grab, Himmelfahrt und Höllenfahrt, Kirchengründung und vielgestaltige neutestamentliche Kirchenverfassung zu sagen war und was man schon längst bei führenden evangelischen und katholischen Exegeten nachlesen konnte – wenn man wollte.

Die Originalität liegt anderswo. Es wird in diesem Buch versucht:

- nicht nur Einzelfragen und Einzelgebiete der Theologie anzugehen, sondern das Ganze der christlichen Botschaft vor dem Horizont der heutigen Ideologien und Religionen zur Darstellung zu bringen: in einer umfassenden, in sich stimmigen und bis ins Detail einheitlich durchgestalteten systematischen Synthese, wie sie gerade bei der Spezialisierung der theologischen Disziplinen von einem Einzelnen versucht werden muß;
- ohne kirchenpolitische Rücksichten und unbekümmert um theologische Frontbildungen und Modetrends in Unbestechlichkeit die Wahrheit zu sagen: auf neuestem wissenschaftlichem Forschungsstand und in intellektuell redlicher Argumentation eine ungeschmälerte theologische Kritik, verbunden mit einem unerschütterten Vertrauen in die christliche Sache;
- konsequent nicht von theologischen Fragestellungen der Vergangenheit, sondern von den weiträumigen und vielschichtigen Fragen des heutigen Menschen auszugehen und von daher bei aller Fülle der Information in immer wieder neuer Konzentration zur Mitte des christlichen Glaubens vorzustoßen: so daß das Menschliche, das Allgemeinreligiöse, das Außerkirchliche fundierter denn sonst ernstgenommen und doch zugleich das unterscheidend Christliche schärfer denn sonst herauskristallisiert und das Wesentliche vom Unwesentlichen geschieden wird;
- ohne biblische Archaismen und scholastische Dogmatismen,

aber auch ohne modischen Theologenjargon in der Sprache des heutigen Menschen zu sprechen: mit größtmöglicher sprachlicher Anstrengung einfach und für den theologisch nicht vorgebildeten Zeitgenossen verständlich und doch zugleich präzis, differenziert und packend zu formulieren;

- aufgrund persönlicher Forschungsarbeit von der Rechtfertigungslehre bis zur Christologie und Ekklesiologie auch die konfessionellen Differenzen zu integrieren und so das den christlichen Konfessionen Gemeinsame als erneuten Anruf endlich auch zur praktisch-organisatorischen Verständigung herauszustellen: keine neue Theorie neben anderen, sondern der heute mögliche grundlegende Konsens nicht nur zwischen den christlichen Kirchen, sondern auch den wichtigsten theologischen Richtungen;
- die oft kaum feststellbare Einheit der Theologie – auf der Grundlage der exegetischen und historischen Forschung von der Fundamentaltheologie über Dogmatik und Ethik bis zur praktischen Theologie – derart zum Ausdruck zu bringen, daß von der Gottesfrage bis zur Kirchenfrage der unverbrüchliche Zusammenhang von glaubbarer Theorie und lebbarer Praxis, von Individualem und Sozialem, von Zeitkritik und Kirchenkritik, von persönlicher Frömmigkeit und Reform der Institutionen nicht mehr übersehen werden kann.

Zum Schluß sei einem möglichen Mißverständnis gewehrt: Als Autor dieser Handreichung zum Christsein für den modernen Menschen halte ich mich selbst keineswegs für einen Musterchristen. Deshalb sei als einziger Satz aus dem Buch zitiert: »Der Verfasser hat das Buch nicht geschrieben, weil er sich selber für einen guten Christen, sondern weil er Christsein für eine besonders gute Sache hält.«

Willem A. Visser't Hooft

Die Welt war meine Gemeinde

Autobiographie. Vom Verfasser autorisierte Übersetzung aus dem Englischen von Dr. Heidi von Alten. 2. Aufl., 8. Tsd. 453 Seiten. Ln.

»Visser't Hooft gehört ohne Zweifel zu den herausragenden Gestalten unserer kirchlichen Situation. Wenn er nun einen umfangreichen Bericht über die vier Jahrzehnte seiner ökumenischen Tätigkeit vorlegt, kann dieser Band mit unmittelbarem lebhaftem Interesse rechnen, nicht nur wegen des reichen, sorgfältig verarbeiteten Quellenmaterials und des glänzenden, flüssigen Stils, sondern vor allem wegen der Persönlichkeit des Verfassers selbst. Denn auf weite Strecken ist seine Biographie mit der Gechichte der ökumenischen Bewegung identisch. Eindrucksvoll ist die chronologische Vollständigkeit.

Die Vielfalt der verschiedenen Vorformen der ökumenischen Bewegung ist hier in einer Durchsichtigkeit dargestellt, die sehr souverän Wichtiges und weniger Wichtiges auseinanderhält. Besonders attraktiv ist hier das unverkennbare Kolorit persönlicher Erfahrungen. Es ist Visser't Hooft gelungen, in der Schilderung der Persönlichkeiten und des Kräftespiels jener Jahre deutlich zu machen, welche einzigartige Konstellation dies Zusammentreffen gewesen ist. Die Aufzeichnungen Visser't Hoofts sind ein Standardwerk der ökumenischen Bewegung.«

Landesbischof D. Hanns Lilje